les Salades ·de fruits·

Salades
•fruits mélangés•

FOUILLIS D'AGRUMES ET TRIPLE SEC

Pour 4 personnes

Ingrédients

- **2** oranges
- **2** pamplemousses roses
- **1** pamplemousse blanc
- **5 ml (1 c. à thé)** de liqueur de café
- **100 ml (1 bon 1/3 tasse)** de Triple sec
- **55 ml (11 c. à thé)** de sucre pour la marinade
- **110 ml (1 petite 1/2 tasse)** de sucre
- **45 ml (3 c. à soupe)** de jus d'orange
- **75 ml (1/3 tasse)** de crème 35%
- **30 ml (2 c. à soupe)** de papaye confite

Préparation

• Peler les oranges et les pamplemousses suivant la méthode dite à vif*. Puis découper les suprêmes.
• Dans un saladier, mélanger la liqueur de café, le Triple sec et 55 ml de sucre jusqu'à dissolution du sucre. Laisser macérer dans ce jus les suprêmes d'agrumes 3 h.
• Avant de servir, faire chauffer 110 ml de sucre et le jus d'orange pour obtenir un caramel blond. Hors du feu, ajouter la crème 35% et remuer de façon énergique. Disposer cette sauce caramel dans chaque assiette et répartir les agrumes sur le dessus.
• Saupoudrer la papaye confite et servir aussitôt.

NOTES • TERMES CULINAIRES • TRUCS

*PELER À VIF: PELER À L'AIDE D'UN PETIT COUTEAU L'ORANGE OU LE PAMPLEMOUSSE EN RETIRANT LE MAXIMUM DE PEAU BLANCHE.

SUPRÊMES: ON APPELLE « SUPRÊMES » LES QUARTIERS D'AGRUMES DÉBARRASSÉS DE LA MEMBRANE BLANCHE LÉGÈREMENT OPAQUE QUI LES RECOUVRE.

UNE PAPAYE MÛRE EST DE COULEUR JAUNE ORANGÉ. POUR LA FAIRE MÛRIR UNE FOIS CUEILLIE, LA PLACER DANS UN SAC DE PAPIER ET LA PLACER À LA TEMPÉRATURE DE LA PIÈCE. ELLE NE MÛRIRA PAS AU RÉFRIGÉRATEUR OÙ ON PEUT CEPENDANT LA CONSERVER MÛRE, ENVIRON 1 SEMAINE.

SALADE D'ORANGES À LA GELÉE D'AGRUMES ET AU CHERRY BRANDY

Pour 4 personnes

Ingrédients

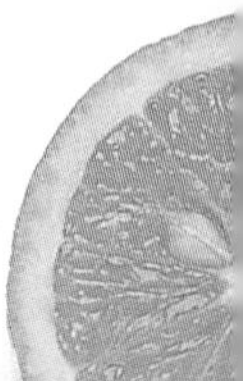

- **6** belles oranges sans pépins
- **250 ml (1 tasse)** de jus d'orange
- **40 ml (8 c. à thé)** de jus de citron
- **30 ml (2 c. à soupe)** de sucre
- **50 ml (10 c. à thé)** de cherry brandy
- **4** feuilles de gélatine neutre

Crème anglaise
- **10** jaunes d'oeufs
- **270 ml (1 bonne tasse)** de sucre
- **750 ml (3 tasses)** de lait
- **250 ml (1 tasse)** de jus d'orange

Préparation

- Peler les oranges avec un couteau de façon à enlever la peau blanche qui se trouve sous la pelure. Tailler de fines lamelles. Faire de même avec la peau du citron. Détailler les suprêmes d'oranges et placer dans un saladier avec 30 ml de sucre.
- Faire blanchir à l'eau bouillante salée 1 min les zestes d'agrumes, puis les rafraîchir à l'eau courante.
- Faire gonfler la gélatine dans de l'eau tiède. Faire chauffer le jus d'orange et le jus de citron. Ajouter la gélatine gonflée et bien remuer pour la dissoudre. Passer au chinois fin.
- Ajouter les zestes blanchis et le cherry brandy. Réfrigérer 30 min pour laisser gélifier la gelée d'agrumes.
- Répartir les suprêmes d'oranges dans 4 coupes.
- Détacher des morceaux de gelée et les rajouter aux suprêmes d'oranges. Servir.

On peut aussi servir cette salade avec une crème anglaise parfumée à l'orange, versée au fond de la coupe. Mélanger alors le sucre et les jaunes d'oeufs jusqu'à ce que le mélange soit parfaitement lisse. Délayer peu à peu avec le lait bouillant. Ajouter le jus d'orange et faire épaissir sans cesser de remuer et sans laisser bouillir.

NOTES • TERMES CULINAIRES • TRUCS

BLANCHIR: PASSER QUELQUES MINUTES À L'EAU BOUILLANTE POUR ENLEVER L'ACRETÉ.

CHINOIS: PASSOIRE CONIQUE À MANCHE QUI SERT À FILTRER.

SUPRÊMES: ON APPELLE « SUPRÊMES » LES QUARTIERS D'AGRUMES DÉBARRASSÉS DE LA MEMBRANE BLANCHE LÉGÈREMENT OPAQUE QUI LES RECOUVRE.

SALADE DES 3 MELONS À L'APRICOT BRANDY

Pour 6 à 8 personnes

Ingrédients

- **1** melon cantaloup
- **1** melon Honeydew
- **1** melon d'eau (pastèque)
- **3 ml (3/5 c. à thé)** de vanille
- **30 ml (2 c. à soupe)** de jus de citron
- **60 ml (4 c. à soupe)** d'Apricot brandy (S.A.Q.)
- **15 ml (1 c. à soupe)** de Campari (S.A.Q.)
- **30 ml (2 c. à soupe)** de sucre
- **8** feuilles de menthe fraîche

Préparation

- Éplucher les melons et retirer les pépins. À l'aide d'une cuillère à pommes parisiennes, confectionner des boules et les placer dans un saladier. Ajouter la vanille, le jus de citron et 30 ml d'Apricot brandy. Laisser macérer ainsi 2 h au réfrigérateur.
- Prendre les chutes des melons et les passer au robot culinaire avec 30 ml d'Apricot brandy. Ajouter le Campari et le sucre et verser dans le saladier réservé. Servir ce dessert très frais décoré de feuilles de menthe hachée.

NOTES • TERMES CULINAIRES • TRUCS

On peut servir en saladier ou en coupes individuelles.

Cuillère à pommes parisiennes: C'est un instrument de cuisine composé d'un manche qui se termine par une demi-boule creuse d'environ 2,5 cm (1 po) de diamètre, ou moins.

Cette cuillère sert à creuser les fruits, certains légumes ou les pommes de terre pour réaliser de petites boules.

SALADE DE FRUITS À LA MENTHE ROSE

Pour 6 personnes

Ingrédients

- **1** pomme
- **160 ml (2/3 tasse)** de raisins sans pépins
- **1** orange
- **1** kiwi
- **1** petit melon
- **1** casseau de fraises
- **30 ml (2 c. à soupe)** de poivre vert
- **40 ml (8 c. à thé)** de jus de citron
- **1 bouteille de 284 ml (10 oz)** de soda
- **110 ml (1 petite 1/2 tasse)** de sucre
- **75 ml (1/3 tasse)** de menthe rose (S.A.Q.)
- **10** feuilles de menthe fraîche

Préparation

- Éplucher et nettoyer tous les fruits. Retirer le coeur de la pomme et les pépins du melon. Équeuter les fraises. Découper les fruits grossièrement.
- Faire un sirop avec le sucre, le jus de citron, le soda et le poivre vert. Ajouter la menthe rose et bien mélanger.
- Laisser macérer les fruits dans ce mélange 4 à 5 h en remuant souvent.
- Servir ce dessert en saladier décoré de feuilles de menthe fraîche.

NOTES • TERMES CULINAIRES • TRUCS

MACÉRER: LAISSER REPOSER DES INGRÉDIENTS DANS UN LIQUIDE QUELQUE TEMPS.

SALADE TRICOLORE EN COMPOTE

Pour 6 personnes

Ingrédients

- **3** kiwis
- **1** casseau de fraises
- **3** pêches jaunes ou blanches
- **160 ml (2/3 tasse)** de sucre
- **8** biscuits à la cuiller
- **100 ml (1 bon 1/3 tasse)** de crème 35%
- **45 ml (3 c. à soupe)** de sucre à glacer
- **40 ml (8 c. à thé)** de jus de citron
- **5 ml (1 c. à thé)** de menthe fraîche hachée

Préparation

- Éplucher les kiwis et les pêches et équeuter les fraises. Retirer les noyaux. Répartir les fruits dans 3 bols et verser le sucre en 3 parties égales dans chacun des bols.
- Écraser au presse-purée chacun des fruits respectifs et répartir le jus de citron. Ajouter la menthe hachée aux fraises. Choisir 4 verres sur pied ou 4 belles flûtes à champagne. Répartir les purées respectives en commençant par le kiwi. Ajouter sur le dessus de la première couche des brisures de biscuits à la cuiller pour couvrir la purée. Ajouter ensuite la purée de pêches, puis des brisures de biscuits à la cuiller. Terminer avec la purée de fraises sans ajouter de biscuits.
- Dans un saladier bien froid, fouetter la crème et ajouter le sucre à glacer.
- Garnir le dessus de chacune des coupes ou des verres de crème fouettée. Réfrigérer jusqu'au moment du service.

NOTES • TERMES CULINAIRES • TRUCS

LE BISCUIT À LA CUILLER PORTE ÉGALEMENT LE NOM DE « DOIGT DE DAME » OU ENCORE « BISCUIT À CHAMPAGNE ».

POMMES ET POIRES AUX CANNEBERGES

Pour 4 personnes

Ingrédients

- **2** pommes McIntosh
- **2** poires Bosc ou Bartlett
- **50 ml (10 c. à thé)** de canneberges
- **55 ml (11 c. à thé)** de sucre
- **1** gousse de vanille ou
- **2 ml (2/5 c. à thé)** de vanille liquide
- **40 ml (8 c. à thé)** de jus de citron
- **50 ml (10 c. à thé)** de jus d'orange
- **1** bâton de cannelle
- **1/2** citron
- cannelle en poudre, au goût

Préparation

- Faire chauffer le jus de citron et le jus d'orange avec le bâton de cannelle. Ajouter le sucre et la vanille. Porter à ébullition, puis arrêter le feu. Plonger les canneberges et laisser confire.
- Éplucher les poires et les pommes débarrassées du coeur. Frotter les fruits au citron pour éviter qu'ils noircissent. Découper en quartiers. Ajouter le mélange contenant les canneberges, mais uniquement lorsqu'il est froid. Réfrigérer au moins 2 h et de préférence 10 h.
- Servir avec le jus et saupoudrer de cannelle.

NOTES • TERMES CULINAIRES • TRUCS

LA VANILLE EST UNE GOUSSE QUI FAIT PARTIE DE LA FAMILLE DES ORCHIDÉES. LA FÉCONDATION ET LE RAMASSAGE QUI SE FONT À LA MAIN JUSTIFIENT LE COUT ÉLEVÉ DE L'INGRÉDIENT.

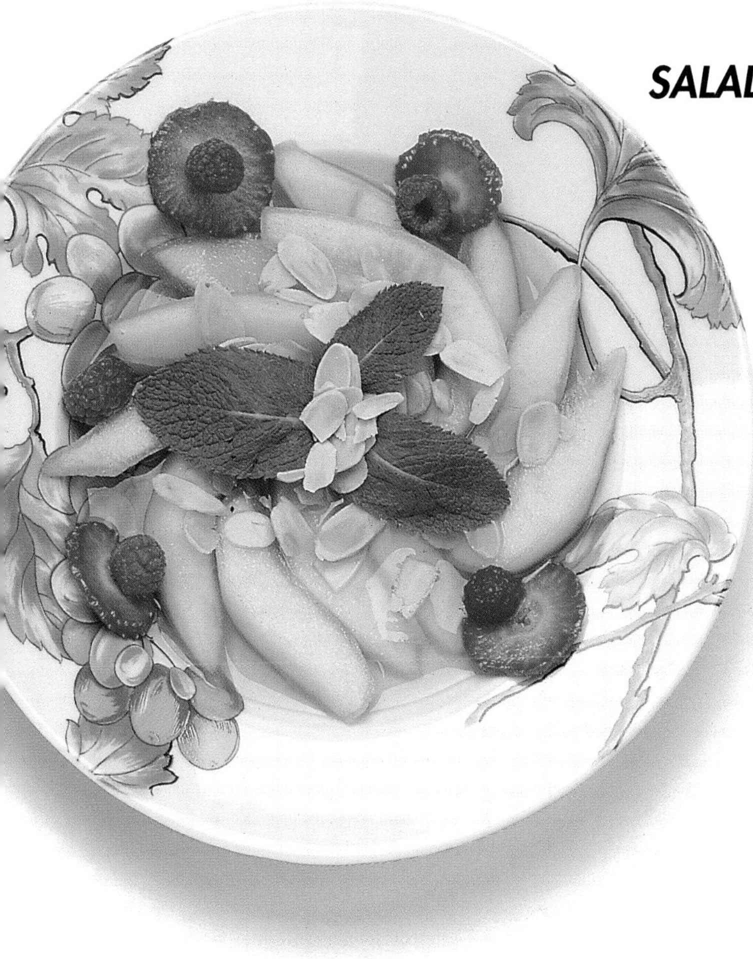

SALADE DE FRUITS À L'EARL GREY THÉ

Pour 4 personnes

Ingrédients

- **5** belles poires
- **2** pêches
- **1** abricot
- **1/2** citron
- **1** sachet de Earl Grey thé
- **500 ml (2 tasses)** d'eau
- **160 ml (2/3 tasse)** de sucre
- **95 ml (1 bon 1/3 tasse)** d'amandes tranchées

Préparation

• Éplucher les poires et les frotter au citron pour éviter qu'elles noircissent. Retirer le coeur. Découper chacune des poires en 8 quartiers. Enlever le noyau des pêches et de l'abricot et la peau des pêches. Découper les pêches en quartiers et l'abricot en deux. Faire bouillir l'eau avec le sucre 3 min. Arrêter le feu, plonger le sachet de thé dans l'eau sucrée (on peut utiliser 2 sachets pour une saveur plus prononcée), ajouter les quartiers de poires et de pêches et les demi-abricots et couvrir jusqu'à refroidissement. Conserver au réfrigérateur au moins 3 h. Retirer le sachet de thé du liquide.

• Disposer les fruits dans des assiettes creuses et soupoudrer d'amandes tranchées grillées.

NOTES • TERMES CULINAIRES • TRUCS

ON PEUT AUSSI FAIRE LA MÊME RECETTE AVEC D'AUTRES SORTES DE THÉS, OU ENCORE AVEC DE LA CITRONNELLE INFUSÉE.

Salades
•fruits rouges•

SALADE D'ATOCAS AU CAFÉ ET CHOCOLAT

Pour 4 à 6 personnes

Ingrédients

- **300 ml (1 1/4 tasse)** d'atocas
- **50 ml (10 c. à thé)** de Tia Maria
- **50 ml (10 c. à thé)** de sucre
- **15 ml (1 c. à soupe)** de zestes d'orange
- **2** pommes fruits
- **150 ml (2/3 tasse)** de chocolat noir
- **50 ml (10 c. à thé)** de jus d'orange
- **125 ml (1/2 tasse)** de crème 15%, tiède

Préparation

- Bien nettoyer les atocas, les essuyer, et les mettre à mariner 2 h avec le sucre, le Tia Maria et les zestes d'orange.
- Éplucher les 2 pommes et les frotter au citron pour éviter qu'elles noircissent
- Les couper grossièrement en cubes.
- Faire fondre le chocolat au bain-marie puis ajouter le jus d'orange et la crème tiède.
- Bien remuer.
- Égoutter les atocas et récupérer le jus qui reste.
- Ajouter ce dernier à la sauce chocolat.
- Mélanger les pommes et les atocas, puis verser la sauce chocolat tiède.
- Servir frais avec les zestes d'orange.

NOTES • TERMES CULINAIRES • TRUCS

BAIN-MARIE: CASSEROLE D'EAU BOUILLANTE DANS LAQUELLE ON PLACE UN AUTRE RÉCIPIENT DE DIAMÈTRE INFÉRIEUR, CONTENANT UNE PRÉPARATION À CUIRE.

L'ATOCA, MOT AMÉRINDIEN SIGNIFIANT « AIRELLE DES MARAIS » PORTE ÉGALEMENT LE NOM DE « CANNEBERGE ».

ON PEUT UTILISER CETTE SALADE EN TANT QUE GARNITURE DE CRÊPES.

MELBA DE FRAISES AU CHOCOLAT

Pour 4 personnes

Ingrédients

- **2** petits casseaux de fraises
- **50 ml (10 c. à thé)** de sirop de fraise
- **500 ml (2 tasses)** de crème glacée à la vanille
- **5 ml (1 c. à thé)** de zestes d'orange blanchis
- **75 ml (1/3 tasse)** de chocolat noir
- **30 ml (2 c. à soupe)** de lait
- **80 ml (1/3 tasse)** d'amandes effilées ou de noix de coco râpée

Préparation

- Équeuter les fraises et les essuyer.
- Couper les fraises en morceaux et les mettre à macérer dans le sirop de fraise pendant 20 min.
- Disposer dans chaque coupe de service une boule de crème glacée à la vanille.
- Répartir autour les fraises macérées.
- Saupoudrer des zestes d'orange blanchis.
- Faire fondre le chocolat au bain-marie et mélanger avec le lait.
- Verser sur la crème glacée et saupoudrer d'amandes effilées grillées ou de noix de coco râpée.
- Servir aussitôt.

NOTES • TERMES CULINAIRES • TRUCS

MACÉRER: LAISSER REPOSER QUELQUE TEMPS UN FRUIT DANS UN LIQUIDE.

BAIN-MARIE: CASSEROLE D'EAU BOUILLANTE DANS LAQUELLE ON PLACE UN AUTRE RÉCIPIENT DE DIAMÈTRE INFÉRIEUR CONTENANT UNE PRÉPARATION À CUIRE.

BLANCHIR: PASSER QUELQUES MINUTES À L'EAU BOUILLANTE POUR ATTENDRIR OU ENLEVER L'ACRETÉ.

NE PAS LAVER LES FRAISES CAR ELLES SE GORGERAIENT D'EAU INDÉSIRABLE ET PERDRAIENT AINSI DE LEUR SAVEUR. LES ESSUYER UNIQUEMENT.

MATELOTE DE PETITS FRUITS AU ST-RAPHAËL DORÉ

Pour 4 à 6 personnes

Ingrédients

- **1** petit casseau de fraises
- **250 ml (1 tasse)** de cerises
- **1** petit casseau de bleuets
- **250 ml (1 tasse)** de St-Raphaël doré
- **50 ml (10 c. à thé)** de sucre
- **3** jaunes d'oeufs
- **30 ml (2 c. à soupe)** de fécule de maïs
- **6** feuilles de menthe, pour la décoration
- **1/2** petit casseau de framboises, pour la décoration

Préparation

- Équeuter les fraises et les essuyer.
- Dénoyauter les cerises et les couper en deux.
- Essuyer les bleuets.
- Faire chauffer le St-Raphaël doré sans le laisser bouillir.
- Mélanger les jaunes d'oeufs avec le sucre et la fécule de maïs.
- Verser le St-Raphaël doré chaud sur le mélange précédent, tout en remuant de façon que le mélange épaississe sans former de grumeaux.
- Si le mélange est légèrement trop consistant, détendre avec du St-Raphaël.
- La consistance doit être celle d'une crème pas trop épaisse, mais lisse.
- Laisser tiédir le mélange et verser sur les fruits coupés.
- Laisser prendre au réfrigérateur 3 à 4 h puis dresser en assiettes creuses.
- Décorer le dessus avec les framboises et arroser légèrement de St-Raphaël doré.
- Décorer avec des feuilles de menthe.

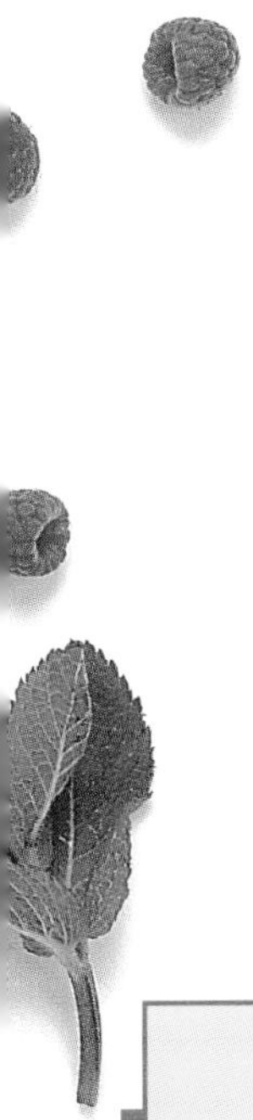

NOTES • TERMES CULINAIRES • TRUCS

IL NE FAUT PAS LAVER LES FRUITS ROUGES CAR ILS SE GORGENT D'EAU INDÉSIRABLE ET PERDENT DE LEUR PARFUM.

Salades
•fruits secs•

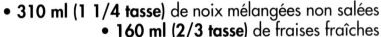

GRATIN DE FRUITS SECS AU MOUSSEUX

Pour 4 personnes

Ingrédients

- **310 ml (1 1/4 tasse)** de noix mélangées non salées
- **160 ml (2/3 tasse)** de fraises fraîches
- **55 ml (11 c. à thé)** de sucre
- **3 ml (3/4 c. à thé)** de vanille liquide
- **3** jaunes d'oeufs
- **100 ml (1 bon 1/3 tasse)** de vin mousseux sec
- **50 ml (10 c. à thé)** de caramel écossais (facultatif) (recette en p. 26)

Préparation

- Mélanger les noix avec les fruits frais.
- Faire un sabayon avec les jaunes d'oeufs, le sucre, la vanille et le vin mousseux. Monter au bain-marie jusqu'à consistance d'un ruban.
- Disposer les fruits secs et frais au centre des assiettes. Les recouvrir du sabayon et gratiner au gril du four environ 2 min.
- Verser autour du caramel écossais ou un coulis de fruits.

NOTES • TERMES CULINAIRES • TRUCS

MONTER: BATTRE AU FOUET MANUEL UNE SAUCE, OU BATTRE AU FOUET ÉLECTRIQUE OU MANUEL DES INGRÉDIENTS POUR EN AUGMENTER LE VOLUME.

BAIN-MARIE: CASSEROLE D'EAU BOUILLANTE DANS LAQUELLE ON PLACE UN AUTRE RÉCIPIENT DE DIAMÈTRE INFÉRIEUR CONTENANT UNE PRÉPARATION À CUIRE.

SABAYON: SAUCE SUCRÉE MOUSSEUSE À BASE DE JAUNES D'OEUFS ET DE SUCRE QUE L'ON CONSOMME CHAUDE AVEC DES ENTREMETS OU DESSERTS.

SALADE D'ABRICOTS ET RAISINS SECS AU GINGEMBRE

Pour 4 personnes

Ingrédients

- **12** abricots mûrs frais ou en conserve
- **60 ml (4 c. à soupe)** de raisins secs
- **50 ml (10 c. à thé)** de jus de citron
- **50 ml (10 c. à thé)** de cassonade
- **250 ml (1 tasse)** de vin blanc sec
- **6** feuilles de menthe poivrée
- **1** pousse de gingembre
- **175 ml (3/4 tasse)** de crème 35%
- **25 ml (5 c. à thé)** de copeaux de chocolat
- **75 ml (1/3 tasse)** de sucre à glacer

Préparation

- Faire gonfler les raisins secs 30 min dans le vin blanc avec la cassonade.
- Ouvrir les abricots et retirer les noyaux. Détailler la chair en quartiers.
- Récupérer le jus de macération des raisins et ajouter le jus de citron. Verser sur les abricots.
- Râper la pousse de gingembre et bien mélanger. Ajouter les feuilles de menthe et laisser macérer ainsi 3 à 4 h minimum.
- Fouetter la crème 35% en chantilly avec le sucre à glacer dans un récipient bien froid. Incorporer les copeaux de chocolat à la crème fouettée.
- Dresser la crème fouettée au centre des assiettes et répartir tout autour la salade d'abricots. Servir le jus dans de petits verres à liqueur.

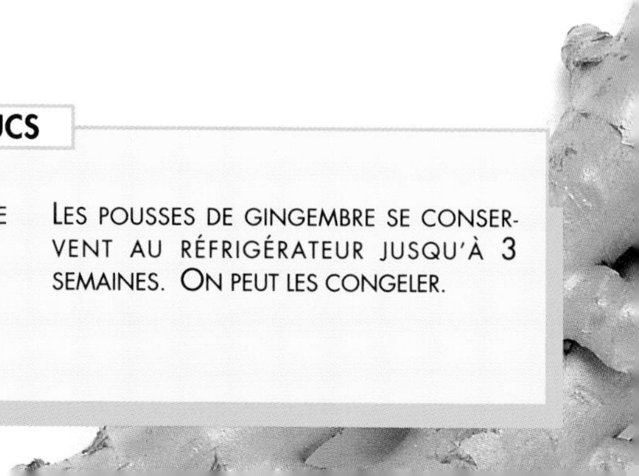

NOTES • TERMES CULINAIRES • TRUCS

POUR FAIRE UN COCKTAIL OU UN DIGESTIF INTÉRESSANT, AJOUTER AU JUS DE MARINADE, POUR 100 ML DE SIROP OU DE JUS, 50 ML DE VODKA.

MACÉRER: LAISSER REPOSER QUELQUE TEMPS UN FRUIT DANS UN LIQUIDE.

LES POUSSES DE GINGEMBRE SE CONSERVENT AU RÉFRIGÉRATEUR JUSQU'À 3 SEMAINES. ON PEUT LES CONGELER.

BILLES DE MELONS AUX FRUITS CONFITS ET GINGEMBRE

Pour 4 personnes

Ingrédients

- **1** melon Honeydew
- **1** cantaloup
- **250 ml (1 tasse)** de fruits confits mélangés
- **30 ml (2 c. à soupe)** de sirop de grenadine
- **250 ml (1 tasse)** de jus de pamplemousse
- **50 ml (10 c. à thé)** de jus de lime
- **1** petite pousse de gingembre
- **10** feuilles de menthe fraîche

Givrage des verres

- **30 ml (2 c. à soupe)** de jus de tomate
- **30 ml (2 c. à soupe)** de cassonade

Préparation

• Évider les melons et les débarrasser de leurs pépins. À l'aide d'une cuillère à pommes parisiennes, confectionner des petites billes.

• Mettre les fruits confits à macérer avec le jus de pamplemousse et le jus de lime. Ajouter le sirop de grenadine.

• Éplucher et râper la pousse de gingembre et l'ajouter à la marinade. Laisser macérer au froid avec les billes de melons 2 h au moins, en remuant toutes les demi-heures.

• Verser le jus de tomate dans une soucoupe. Y plonger les bords du verre que vous passerez ensuite dans la cassonade. Garnir le verre au trois quarts du mélange et disposer dessus 2 ou 3 feuilles de menthe. Déguster à l'aide d'une grande cuillère à sorbet.

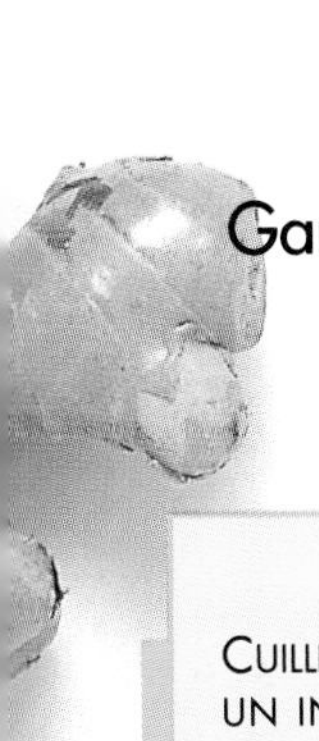

NOTES • TERMES CULINAIRES • TRUCS

CUILLÈRE À POMMES PARISIENNES: C'EST UN INSTRUMENT DE CUISINE COMPOSÉ D'UN MANCHE QUI SE TERMINE PAR UNE DEMI-BOULE CREUSE D'ENVIRON 2,5 CM (1 PO) DE DIAMÈTRE, OU MOINS. CETTE CUILLÈRE SERT À CREUSER LES FRUITS, CERTAINS LÉGUMES OU LES POMMES DE TERRE POUR RÉALISER DE PETITES BOULES.

Salades
•fruits exotiques•

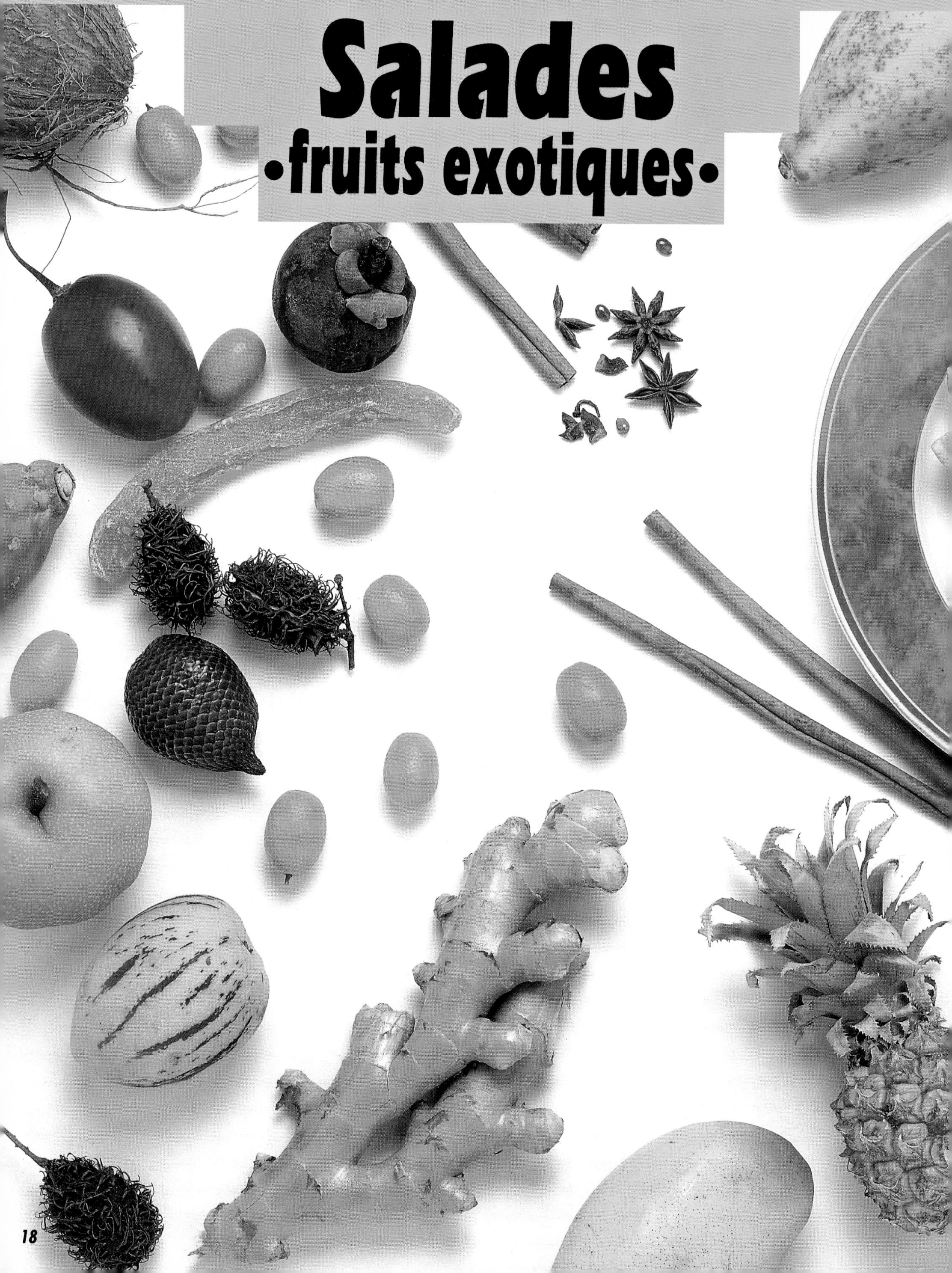

SALADE EXOTIQUE À L'AMARETTO COGNAC

Pour 4 à 6 personnes

Ingrédients

- **1** mangue
- **1 boîte de 540 ml (2 bonnes tasses)** de litchis
- Amaretto cognac
- **1** carambole
- **1** kiwi
- **4** petits pamplemousses
- **55 ml (11 c. à thé)** de sucre
- **3** jaunes d'oeufs
- **50 ml (10 c. à thé)** d'Amaretto cognac

Préparation

- Éplucher les fruits sauf la carambole et la découper en fines lamelles. Découper les autres fruits de façon grossière.
- Évider les pamplemousses et récupérer l'écorce vide. Presser la pulpe pour en extraire le jus. Mélanger ce dernier avec le sucre. Faire chauffer et réduire jusqu'aux trois quarts du volume. Verser dans un cul de poule, ajouter la liqueur d'Amaretto cognac et les jaunes d'oeufs. Faire cuire au bain-marie tout en fouettant jusqu'à l'obtention du ruban. Réserver le sabayon obtenu.
- Disposer les fruits coupés dans chaque écorce de pamplemousse évidée. Verser le sabayon sur les fruits.
- Servir aussitôt. On peut également présenter ce dessert dans des coupes.

NOTES • TERMES CULINAIRES • TRUCS

CUL DE POULE: BOL MÉTALLIQUE À FOND ROND.

RUBAN (CONSISTANCE DU): JUSQU'À CE QUE LA PRÉPARATION FORME UNE COULÉE LÉGÈREMENT ÉPAISSE.

SABAYON: SAUCE SUCRÉE MOUSSEUSE À BASE DE JAUNES D'OEUFS ET DE SUCRE QUE L'ON CONSOMME CHAUDE AVEC DES ENTREMETS OU DESSERTS.

LA CARAMBOLE EST APPELÉE ÉGALEMENT «STAR FRUIT» OU « POMME DE GOA ». ELLE EST RICHE EN VITAMINE C ET PEU CALORIQUE. LES TRANCHES DE CE FRUIT DÉCORENT JOLIMENT LES PLATS CUISINÉS OU LES APÉRITIFS.

GELÉE DE PAPAYES AU SAUTERNES

Pour 4 personnes

Ingrédients

- **1** belle papaye à demi mûre
- **15 ml (1 c. à soupe)** de raisins Sultana
- **1** gousse de vanille fraîche
- **30 ml (2 c. à soupe)** de gélatine neutre
- **80 ml (1/3 tasse)** de chocolat noir râpé
- **50 ml (10 c. à thé)** de sauternes

Préparation

- Éplucher la papaye et retirer les petites graines qui se trouvent à l'intérieur. Couper la chair en petits dés d'1 cm (1/2 po) de côté.
- Faire gonfler les raisins Sultana dans le sauternes avec la gousse de vanille 30 min, puis ajouter les dés de papaye. Porter le tout à ébullition.
- Égoutter la papaye et récupérer le jus.
- Faire gonfler la gélatine 2 à 3 min dans de l'eau tiède et ajouter au jus de la marinade.
- Disposer les dés de papaye dans des coupes, genre verres à martini. Verser le jus sur les fruits lorsqu'il est tiède. Laisser prendre au réfrigérateur 2 à 3 h avant de servir.
- Saupoudrer sur le dessus le chocolat noir râpé.

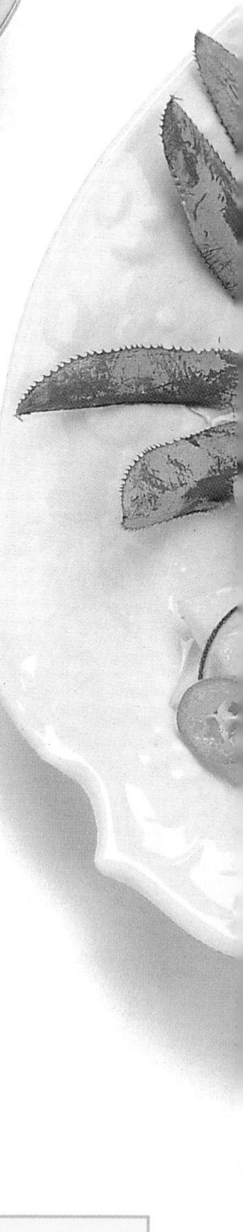

NOTES • TERMES CULINAIRES • TRUCS

1 FEUILLE DE GÉLATINE = 4 ML (1 C. À THÉ ENVIRON)
1 SACHET DE GÉLATINE EN POUDRE = 7 G = 15 ML (1 C. À SOUPE)

LA PAPAYE EST UN FRUIT AUX QUALITÉS DIGESTIVES, GRÂCE À LA PAPAÏNE QU'IL CONTIENT. ON L'UTILISE EN MÉDECINE POUR LUTTER CONTRE L'ARTHROSE, ET IL EST IDÉAL POUR LES RÉGIMES AMAIGRISSANTS, EN PLUS D'ÊTRE TRÈS RICHE EN POTASSIUM.

ANANAS À LA TAHITIENNE

Pour 4 personnes

Ingrédients

- **1** bel ananas mûr
- **1 petite boîte de 355 ml (1 1/2 tasse)** de crème de coco pour Pina Colada
- **50 ml (10 c. à thé)** de rhum blanc
- **1** citron lime
- **30 ml (2 c. à soupe)** de sucre
- **50 ml (10 c. à thé)** d'amandes effilées

Préparation

- Éplucher l'ananas soigneusement. Le rincer, puis le couper en deux. Retirer le coeur. Détailler la chair en fines lamelles et mettre ces dernières à mariner dans le rhum 2 à 3 h. Égoutter et mélanger avec la crème de coco.
- Retirer la peau du citron vert et couper en fine julienne.
- Blanchir à l'eau salée 2 à 3 min, puis refroidir aussitôt sous le robinet d'eau froide.
- Confire les zestes avec le sucre et le rhum qui reste de la macération de l'ananas. Faire cuire à feu très doux 2 min. Laisser refroidir et hacher les zestes. Mélanger avec les amandes effilées blanchies et grillées au four. Saupoudrer l'ananas de ce mélange.
- Servir en plat ou dans des assiettes individuelles.

NOTES • TERMES CULINAIRES • TRUCS

On trouve la crème de coco dans les supermarchés.

Blanchir: Passer quelques minutes à l'eau bouillante pour attendrir ou enlever l'acreté.

La carambole est appelée également « Star fruit » ou « Pomme de Goa ». Elle est riche en vitamine C et peu calorique. Les tranches de ce fruit décorent joliment les plats cuisinés ou les apéritifs.

BANANA COCOLAIT

Pour 4 personnes

Ingrédients

- **4** bananes mûres
- **1** citron
- **1** noix de coco fraîche
  ou
- **1 boîte de 175 ml (6 oz)** de lait de coco (coco Lopez)
- **150 ml (2/3 tasse)** de crème glacée à la vanille
- **40 ml (8 c. à thé)** de grains de chocolat
- **100 ml (1 bon 1/3 tasse)** d'eau
- **80 ml (1/3 tasse)** de noix de coco râpée et grillée

Préparation

- Éplucher les bananes et les frotter au citron pour éviter qu'elles noircissent. Les découper au citron.
- Couper la noix de coco à l'aide du revers d'un couperet et jeter l'eau qui se trouve à l'intérieur. Extraire la pulpe de la noix de coco et la râper. Disposer dans un saladier avec 100 ml (1 bon 1/3 tasse) d'eau. Placer la pulpe râpée dans un linge et presser pour récupérer le lait. Disposer la pulpe de coco râpée débarrassée de son lait sur une plaque allant au four et faire griller à 350oF (175oC) 4 à 5 min. Mélanger la crème glacée et le lait de coco jusqu'à parfaite liaison. Ajouter les bananes. Laisser mariner 30 min.
- Dresser dans de belles coupes puis saupoudrer de noix de coco grillée et de grains de chocolat.

NOTES • TERMES CULINAIRES • TRUCS

Il ne faut pas confondre l'eau de coco, ce liquide que l'on trouve à l'intérieur de la noix et le lait de coco que l'on obtient en râpant et en pressant la pulpe.

SALADE V.I.P. ROYAL

Pour 4 personnes

Ingrédients

- **16** litchis ou ramboutans
- **1** carambole
- **1** mangue
- **2** poires fraîches
- **1** citron
- **50 ml (10 c. à thé)** de sirop léger
- **55 ml (11 c. à thé)** de sucre
- **40 ml (8 c. à thé)** de jus d'orange
- **60 ml (4 c. à soupe)** de noix de pacanes décortiquées
- **60 ml (4 c. à soupe)** d'eau

Sirop léger (Pour 1 L)(4 tasses)

- **150 ml (2/3 tasse)** de sucre
- **1 L (4 tasses)** d'eau

Préparation

- Préparer le sirop léger comme suit. Mélanger 2/3 tasse de sucre avec 4 tasses d'eau et porter à ébullition. Réserver.
- Retirer les coques des fruits et disposer dans un contenant. Réserver.
- Éplucher les poires, retirer le coeur et frotter la chair au citron pour éviter qu'elle noircisse. Découper en quartiers. Couper la carambole en tranches puis ajouter au mélange.
- Verser 10 c. à thé de sirop et 2 c. à soupe d'eau. Conserver au frais.
- Éplucher la mangue et la couper grossièrement. Passer au robot culinaire avec 11 c. à thé de sucre et 2 c. à soupe d'eau pour obtenir un coulis épais.
- Dans une casserole, faire chauffer le sucre et l'eau réservés au début jusqu'à l'obtention d'un caramel blond. Ajouter le jus d'orange, puis les pacanes concassées. Verser ensuite dans 4 coupes assez hautes et répartir le mélange. Laisser prendre le caramel. Ajouter le coulis de mangues, puis répartir les fruits sur le dessus. Garder au froid au moins 2 h avant de consommer.
- À la toute fin, décorer avec des filets de caramel réalisés à l'aide d'une fourchette.

NOTES • TERMES CULINAIRES • TRUCS

À défaut de fruits frais, utiliser des fruits en conserve.

Le sirop léger se conserve au réfrigérateur environ 1 mois. Le faire rebouillir avant de l'utiliser.

Concassé: haché grossièrement.

EXOTICA EN MÉLI-MÉLO

Pour 4 personnes

Ingrédients

- **2** caramboles
- **1** mangue
- **8** litchis
- **1/2** papaye
- **40 ml (8 c. à soupe)** de jus de lime
- **30 ml (2 c. à soupe)** de sucre blanc
- **30 ml (2 c. à soupe)** de beurre
- **30 ml (2 c. à soupe)** de pignons
- **15 ml (1 c. à soupe)** de sucre brun

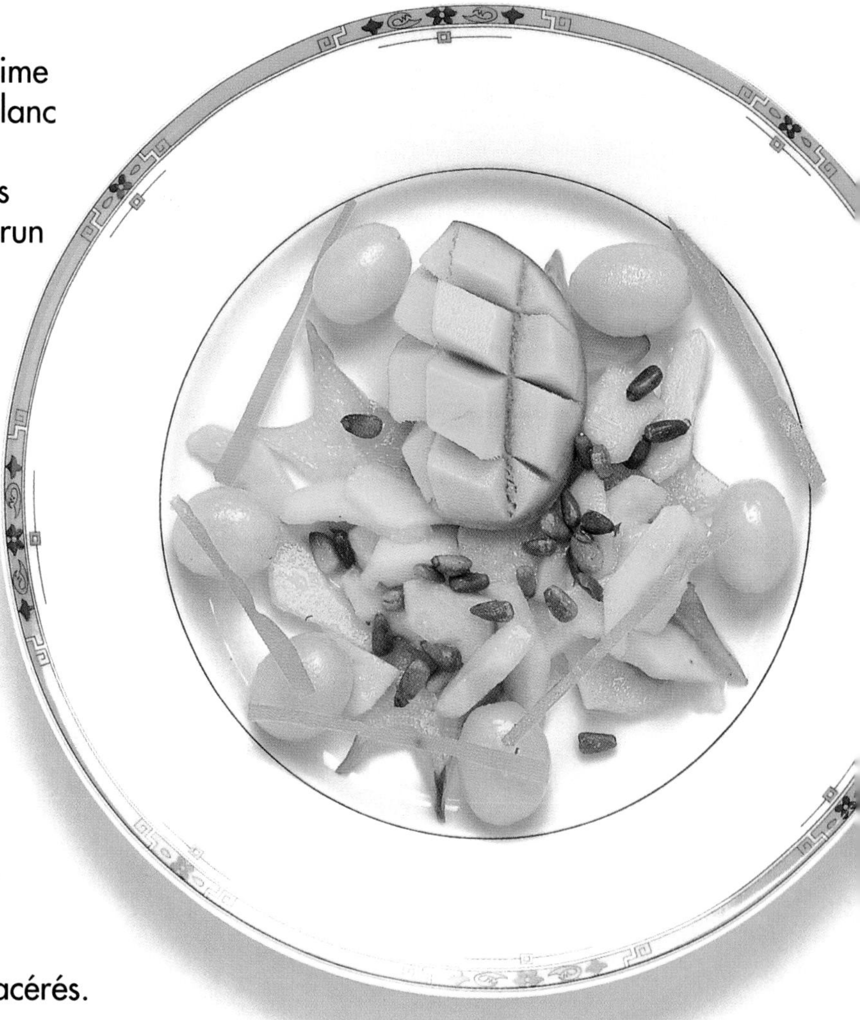

Préparation

- Éplucher la mangue et la demi-papaye. Les couper en lamelles. Les mettre à macérer dans le jus de lime avec le sucre blanc 30 min.
- Faire griller les pignons avec le sucre brun 2 à 3 min.
- Couper les caramboles en petites tranches fines et les étuver doucement au beurre 2 à 3 min.
- Disposer les tranches en étoile sur le fond des assiettes et répartir au milieu les fruits macérés. Saupoudrer des pignons grillés.
- Décorer avec les litchis décortiqués, placés tout autour.

NOTES • TERMES CULINAIRES • TRUCS

MACÉRER: LAISSER REPOSER QUELQUE TEMPS UN FRUIT DANS UN LIQUIDE.

ÉTUVER: FAIRE CUIRE À FEU DOUX DANS UN RÉCIPIENT HERMÉTIQUEMENT FERMÉ. ON AJOUTE PARFOIS UN CORPS GRAS.

LES PIGNONS SONT LES GRAINES DE LA POMME DE PIN. ON LES TROUVE DANS LES ÉPICERIES FINES OU DANS LE RAYON DES FRUITS SECS DES SUPERMARCHÉS.

LES LITCHIS SE VENDENT EN BOÎTES DE CONSERVE OU FRAIS. DANS CE DERNIER CAS, ILS SONT RECOUVERTS D'UNE ÉCORCE ROUGEÂTRE QUI S'ENLÈVE TRÈS FACILEMENT.

VELOUTÉ DE BANANES À LA CRÈME DE BANANES

Pour 4 personnes

Ingrédients

- **4** bananes
- **55 ml (11 c. à thé)** de sucre
- **50 ml (10 c. à thé)** d'eau
- **1** yogourt brassé nature
- **1** citron
- **30 ml (2 c. à soupe)** de crème de bananes
- **80 ml (1/3 tasse)** de copeaux de chocolat
- **1** banane, pour la décoration
- **1/2** citron, pour la décoration

Préparation

- Éplucher les bananes et les frotter au citron pour éviter qu'elles noircissent. Les découper grossièrement en tranches. Mettre à mariner 1 h, dans un saladier, les morceaux de bananes, l'eau, le sucre et le restant du jus de citron.
- Ajouter la crème de bananes. Passer alors au robot culinaire avec le yogourt. Verser le velouté obtenu dans des verres dits verres à martini.
- Éplucher la banane prévue pour la décoration, la couper en rondelles fines et passer ces dernières dans le jus de citron. Décorer l'intérieur de chaque coupe.
- Disposer les copeaux de chocolat (obtenus en râpant du chocolat). Conserver au réfrigérateur jusqu'au moment du service.

NOTES • TERMES CULINAIRES • TRUCS

Pour faire des copeaux de chocolat, utiliser du chocolat à la température de la pièce.

Réaliser les copeaux à l'aide d'un couteau économe, appelé également épluche-légumes.

Mariner: Plonger des ingrédients dans un liquide assaisonné et les laisser reposer un certain temps pour qu'ils se gorgent des saveurs de la marinade.

. Coulis .

COULIS CARAMEL ÉCOSSAIS

Donne 500 ml (2 tasses)(10 à 12 personnes)

Ingrédients

- **150 ml (2/3 tasse)** de cassonade
- **100 ml (1 bon 1/3 tasse)** de beurre doux
- **150 ml (2/3 tasse)** de crème 35%
- **2 ml (2/5 c. à thé)** de vanille pure
- **5 ml (1 c. à thé)** de zeste d'orange râpé

Préparation

- Faire fondre le beurre et ajouter la cassonade. Faire colorer doucement jusqu'à coloration brune (Attention de ne pas faire brûler le mélange.).
- Faire chauffer la crème et ajouter au mélange sucre/beurre. Bien remuer à feu doux 2 à 3 min et laisser épaissir. Ajouter la vanille et le zeste d'orange râpé.

NOTES • TERMES CULINAIRES • TRUCS

SI LE BEURRE DEVIENT BRUN TRÈS RAPIDEMENT, RETIRER LA POÊLE DU FEU IMMÉDIATEMENT POUR NE PAS LAISSER BRÛLER.

NE PAS FAIRE BOUILLIR LA CRÈME.

COULIS DE POIRES AU CHAMPAGNE

Donne 500 ml (2 tasses) (Pour 10 à 12 personnes)

Ingrédients

- **1/2** bouteille de champagne Veuve Clicquot brut
- **180 ml** (3/4 tasse) de sucre
- **4** belles poires
- **1** citron

Préparation

- Éplucher les poires et les frotter au citron pour éviter qu'elles noircissent. Les couper en morceaux.
- Préparer un sirop avec 180 ml (3/4 tasse) de champagne et 180 ml (3/4 tasse) de sucre. Y pocher les poires 10 min environ. Égoutter les poires et réduire le sirop de moitié. Passer au robot culinaire ou au mélangeur électrique et ajouter le sirop progressivement. Laisser refroidir puis détendre de nouveau avec le reste de champagne.

COULIS DE FRAMBOISES AUX AMANDES

Donne 400 ml (1 2/3 tasse) (Pour 8 à 10 personnes)

Ingrédients

- **1** petit casseau de framboises
- **50 ml (10 c. à thé)** de lait
- **150 ml (2/3 tasse)** de sucre
- **50 ml (10 c. à thé)** d'eau
- **30 ml (2 c. à soupe)** de jus de citron
- **20 ml (4 c. à thé)** d'amandes émondées blanchies

Préparation

- Essuyer les framboises.
- Faire cuire les amandes dans l'eau, le sucre et le lait 30 min à feu doux. Passer au robot culinaire ou au mélangeur électrique et filtrer le jus. Mélanger ce dernier avec les framboises. Ajouter le jus de citron, puis passer au robot culinaire, puis au chinois pour enlever les graines de framboises. Faire refroidir le coulis avant de s'en servir.

NOTES • TERMES CULINAIRES • TRUCS

POCHER: CUIRE UN INGRÉDIENT DANS UN LIQUIDE QUE L'ON PORTE À ÉBULLITION À PEINE VISIBLE.

ON PEUT UTILISER ÉGALEMENT DU MOUSSEUX AU LIEU DE CHAMPAGNE, MAIS LA RECETTE SERA MOINS RAFFINÉE.

ÉMONDÉES: DÉBARRASSÉES DE LA PEAU.

BLANCHIR: PASSER QUELQUES MINUTES DANS L'EAU BOUILLANTE POUR ATTENDRIR OU ENLEVER L'ÂCRETÉ.

COULIS DE FIGUES FRAÎCHES

Donne 500 ml (2 tasses) (Pour 10 à 12 personnes)

Ingrédients

- **8** belles figues fraîches bien mûres
- **55 ml (11 c. à thé)** de sucre
- **150 ml (2/3 tasse)** de jus de pamplemousse
- **30 ml (2 c. à soupe)** de beurre doux

Préparation

- Éplucher les figues fraîches et les couper en morceaux.
  Les disposer dans une casserole avec le beurre et le sucre.
- Faire suer les figues 2 à 3 min.
  Ajouter le jus de pamplemousse et arrêter la cuisson.
- Passer le mélange au robot culinaire ou au mélangeur électrique, puis au chinois (facultatif).
- Détendre si trop épais avec un peu de jus additionnel. Laisser refroidir et servir autour de fruits frais ou encore avec quelques grains de poivre vert.

COULIS DE FRUITS DE LA PASSION

Donne 350 ml (1 1/3 tasse)(Pour 6 à 8 personnes)

Ingrédients

- **100 ml (1 bon 1/3 tasse)** de fruits frais de la passion bien mûrs **(4 fruits)** ou
- **75 ml (1/3 tasse)** de purée de fruits congelée
- **30 ml (2 c. à soupe)** de jus d'orange concentré
- **125 ml (1/2 tasse)** de sucre
- **30 ml (2 c. à soupe)** de jus d'orange concentré
- **5 ml (1 c. à thé)** de gélatine neutre

Préparation

- Bien éplucher les fruits et retirer les pépins du milieu. Disposer dans une casserole avec le sucre et le jus d'orange. Faire cuire à feu doux 15 min environ. Laisser tiédir et passer au mélangeur électrique. Détendre si nécessaire avec un peu d'eau.
- Faire gonfler la gélatine dans 20 ml (4 c. à thé) d'eau tiède et ajouter au coulis. Filtrer au chinois fin si nécessaire. Conserver dans un pot hermétique.

NOTES • TERMES CULINAIRES • TRUCS

Suer: Mettre un ingrédient dans une poêle contenant un corps gras. Couvrir et chauffer à petit feu jusqu'à léger ramollissement de l'ingrédient.

Chinois: Passoire conique à manche servant à filtrer.

L'acidité de ce coulis peut varier avec le degré de mûrissement des fruits.

On peut conserver ce coulis 1 mois au réfrigérateur dans un pot hermétique.

COULIS D'ANANAS AU POIVRE VERT

Donne 400 ml (1 2/3 tasse) (Pour 8 à 10 personnes)

Ingrédients

- **1/2** ananas frais ou en conserve
- **1ml (1/5 c. à thé)** de cannelle
- **5 ml (1 c. à thé)** de poivre vert
- **1/2** jus de citron
- **1** pomme épluchée
- **50 ml (10 c. à thé)** d'eau
- **75 ml (1/3 tasse)** de sucre

Préparation

- Éplucher l'ananas et retirer le coeur (la partie dure et fibreuse). Découper la chair en petits morceaux et faire cuire les morceaux avec le sucre, l'eau et la cannelle 10 min à feu doux. Ajouter le jus de citron et la pomme épluchée. Faire de nouveau cuire à couvert 5 min. Passer au robot culinaire ou au mélangeur électrique pour obtenir une purée lisse et détendre si nécessaire avec un peu de sirop de sucre.
- Passer l'ensemble au chinois, puis ajouter les grains de poivre vert.

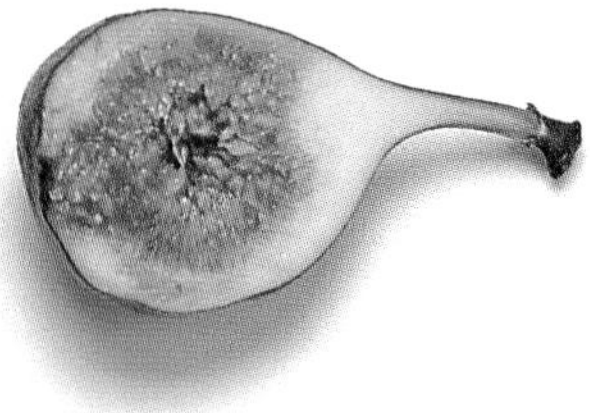

COULIS DE FRUITS ROUGES AU YOGOURT ET À L'ÉRABLE

Donne 350 ml (1 1/3 tasse) (Pour 6 à 8 personnes)

Ingrédients

- **80 ml (1/3 tasse)** de framboises
- **80 ml (1/3 tasse)** de fraises
- **80 ml (1/3 tasse)** de mûres
- **30 ml (2 c. à soupe)** de jus de citron
- **50 ml (10 c. à thé)** de sirop d'érable
- **1** yogourt brassé à la suisse nature
- **30 ml (2 c. à soupe)** de soda

Préparation

- Nettoyer les fruits et les couper. Les placer dans une casserole avec le sirop d'érable et le jus de citron. Laisser cuire 5 min environ à feu doux. Passer au mélangeur électrique puis au tamis fin. Laisser refroidir.
- Bien fouetter le yogourt et ajouter au coulis. Détendre si nécessaire avec le soda.

NOTES • TERMES CULINAIRES • TRUCS

CHINOIS: PASSOIRE CONIQUE À MANCHE SERVANT À FILTRER.

L'ANANAS CONTIENT UNE ENZYME, LA BROMÉLINE, QUI AU CONTACT DE L'AIR DIGÈRE LES PROTÉINES ET FACILITE LA DIGESTION.

ELLE A ÉGALEMENT LA PROPRIÉTÉ D'EMPÊCHER LA GÉLATINE DE PRENDRE.

COULIS DE POMMES JAPONAISES À LA MENTHE

Donne 350 ml (1 1/3 tasse) (Pour 6 à 8 personnes)

Ingrédients

- **2** pommes japonaises
- **180 ml (3/4 tasse)** de sucre
- **1** bâton de vanille
- le jus d'1 citron
- **1** citron
- **1/2** botte de menthe fraîche
- **175 ml (3/4 tasse)** de Perrier

Préparation

- Éplucher les pommes japonaises et les frotter au citron.
  Découper les pommes en petits morceaux et disposer dans une casserole avec la vanille, le jus d'1 citron et le sucre. Verser le Perrier.
  Porter à ébullition puis faire cuire 15 à 20 min.
  Passer au robot culinaire sans la vanille.
- Disposer la menthe fraîche dans un coton à fromage et laisser infuser durant le refroidissement du coulis.
  Servir ce dessert très frais.

COULIS D'ABRICOT CONFITURE

Donne 200 ml (3/4 tasse) (Pour 4 à 6 personnes)

Ingrédients

- **200 ml (1 bon 3/4 tasse)** d'abricots en conserve
- **3 ml (3/5 de c. à thé)** d'eau de fleur d'oranger
- **30 ml (2 c. à soupe)** de confiture de fraises
- **15 ml (1 c. à soupe)** d'amandes grillées non salées
- **50 ml (10 c. à thé)** d'eau
- **50 ml (10 c. à thé)** du jus des abricots en conserve

Préparation

- Passer les abricots au robot culinaire avec 50 ml de jus dans lequel ils baignaient, 50 ml d'eau, l'eau de fleur d'oranger et la confiture de fraises.
  Laisser turbiner 1 min et passer le tout au chinois fin.
  Ajouter sur le coulis quelques amandes grillées avant de servir.

NOTES • TERMES CULINAIRES • TRUCS

ON TROUVE LES POMMES JAPONAISES DANS LES SUPERMARCHÉS EN SAISON OU DANS LES MAGASINS QUI VENDENT DES FRUITS EXOTIQUES.

L'EAU DE FLEUR D'ORANGER S'UTILISE BEAUCOUP EN PÂTISSERIE ET CONFISERIE.

COULIS DE PRUNEAUX ET POIRES VANILLE

Ingrédients

- **160 ml (2/3 tasse)** de pruneaux dénoyautés
- **1** poire Bartlett
- **1/2** citron
- **50 ml (10 c. à thé)** de jus de pomme
- **50 ml (10 c. à thé)** de lait glacé à la vanille

Préparation

- Faire macérer les pruneaux avec le jus de pomme 30 min. Verser le tout dans une casserole.
- Éplucher la poire et la frotter au citron pour éviter qu'elle noircisse. Découper la chair en petits morceaux et ajouter aux pruneaux. Faire cuire à feu doux 15 à 20 min. Passer au mélangeur électrique. À la toute fin, ajouter le lait glacé à la vanille. Détendre avec un peu d'eau si le mélange est trop épais. Servir le coulis très frais.

COULIS SAUCE MELON DE MIEL AUX FLEURS DE PENSÉES

Donne 200 ml (3/4 tasse)(Pour 4 à 6 personnes)

Ingrédients

- **1** petit melon Honeydew
- **55 ml (11 c. à thé)** de fécule de maïs
- **50 ml (10 c. à thé)** de miel
- **4** pensées (fleurs comestibles)

Préparation

- Éplucher le melon et retirer les pépins. Découper en petits morceaux et disposer dans une casserole. Ajouter le miel et faire cuire 10 à 12 min. Passer au robot culinaire ou au mélangeur électrique.
- Diluer la fécule de maïs avec 30 ml (2 c. à soupe) d'eau et l'ajouter au coulis de melon. Faire chauffer jusqu'à épaississement et filtrer à la passoire fine. Laisser refroidir. Effeuiller les pensées et répartir sur le coulis de melon.

NOTES • TERMES CULINAIRES • TRUCS

CE COULIS CONVIENT PARTICULIÈREMENT À LA BANANE, MAIS ON PEUT LE SERVIR AVEC TOUT AUTRE FRUIT.

ATTENTION DE N'UTILISER QUE DES FLEURS COMESTIBLES QUI N'ONT PAS ÉTÉ ARROSÉES DE PESTICIDES.

CE COULIS NE SE CONSERVE PAS LONGTEMPS. LE DÉGUSTER DANS LA JOURNÉE DE SA RÉALISATION.

COULIS DE MANGUE ET POMME VERTE

Donne 200 ml (3/4 tasse)(Pour 4 à 6 personnes)

Ingrédients

- **1** belle mangue
- **1** pomme
- **1** citron
- **75 ml (1/3 tasse)** de sucre à glacer
- **50 ml (10 c. à thé)** de jus de pomme
- **2** graines d'anis étoilé

Préparation

- Éplucher la mangue et la pomme et frotter cette dernière au citron. Couper les fruits en morceaux.
- Faire chauffer le sucre et le jus de pomme. Ajouter les morceaux de mangue et de pomme au jus. Laisser cuire 10 min à couvert et à feu très doux avec l'anis étoilé. Passer au robot culinaire sans l'anis étoilé, puis à la passoire étamine.
- Réfrigérer le coulis avant de le servir.

COULIS YOGOURT À LA MENTHE FRAÎCHE

Donne 200 ml (3/4 tasse)(Pour 4 à 6 personnes)

- **2** yogourts nature brassés
- **55 ml (11 c. à thé)** de sucre
- le jus de 1 citron
- **1/2** botte de menthe fraîche
- **10 ml (2 c. à thé)** de curaçao (S.A.Q.)
- **40 ml (8 c. à thé)** de jus d'orange (facultatif)

Préparation

- Bien mélanger les yogourts et le sucre. Ajouter le jus de citron.
- Hacher très finement les feuilles de menthe et les incorporer au mélange précédent. Ajouter à la toute fin le curaçao et détendre si nécessaire avec le jus d'une orange fraîchement pressée pour obtenir un coulis dont la consistance n'est pas trop épaisse.

NOTES • TERMES CULINAIRES • TRUCS

L'anis étoilé est le fruit d'un arbuste nommé badiane, originaire d'Extrême-Orient.

Passoire étamine: Passoire faite d'un tissu très fin spécialement conçu pour passer liquides et sauces.

Le coulis yogourt à la menthe fraîche est particulièrement frais.

INDEX GÉNÉRAL ALPHABÉTIQUE

SALADES

Ananas à la tahitienne 21
Banana cocolait 22
Billes de melons aux fruits confits et gingembre 17
Exotica en méli-mélo 24
Fouillis d'agrumes et Triple sec 3
Gelée de papayes au Sauternes 20
Gratin de fruits secs au mousseux 15
Matelote de petits fruits au St-Raphaël doré 13
Melba de fraises au chocolat 12
Pommes et poires aux canneberges 8
Salade d'abricots et raisins secs au gingembre 17
Salade d'atocas au café et chocolat 11
Salade d'oranges à la gelée d'agrumes et cherry brandy 4
Salade de fruits à la menthe rose 6
Salade de fruits à l'Earl Grey thé 9
Salade exotique à l'Amaretto cognac 19
Salade des trois melons à l'Apricot brandy 5
Salade tricolore en compote 7
Salade V.I.P. royal 23
Velouté de bananes à la crème de bananes 25

COULIS

Coulis caramel écossais 26
Coulis d'abricots confiture 30
Coulis d'ananas au poivre vert 29
Coulis de figues fraîches 28
Coulis de framboises aux amandes 27
Coulis de fruits de la passion 28
Coulis de fruits rouges au yogourt et à l'érable 29
Coulis de mangue et pomme verte 32
Coulis de poires au champagne 27
Coulis de pommes japonaises à la menthe 30
Coulis de pruneaux et poires vanille 31
Coulis sauce melon de miel aux fleurs de pensées 31
Coulis yogourt à la menthe fraîche 32

INDEX DES TERMES CULINAIRES

BAIN-MARIE, 11
Casserole d'eau bouillante dans laquelle on place un autre récipient de diamètre inférieur contenant une préparation à cuire.

BLANCHIR, 4
Passer quelques minutes à l'eau bouillante pour attendrir ou enlever l'âcreté.

CHINOIS, 4
Passoire conique à manche qui sert à filtrer.

CONCASSÉ, 23
Haché grossièrement.

CUL DE POULE, 19
Bol métallique à fond rond.

CUILLÈRE À POMMES PARISIENNES, 5
C'est un instrument de cuisine composé d'un manche qui se termine par une demi-boule creuse d'environ 2,5 cm (1 po) de diamètre, ou moins. Cette cuillère sert à creuser les fruits, certains légumes ou les pommes de terre pour réaliser de petites boules.

ÉMONDÉES, 27
Débarrassées de la peau.

ÉTUVER, 24
Faire cuire à feu doux dans un récipient hermétiquement fermé. On ajoute parfois un corps gras.

MACÉRER, 6
Laisser reposer quelque temps un fruit dans un liquide.

MARINER, 25
Plonger les ingrédients dans un liquide assaisonné et laisser reposer un certain temps pour que l'ingrédient se gorge des saveurs de la marinade.

MONTER, 15
Battre au fouet manuel une sauce, ou battre au fouet électrique ou manuel des ingrédients pour en augmenter le volume.

PASSOIRE ÉTAMINE, 32
Passoire faite d'un matériau très fin spécialement conçu pour passer liquides et sauces.

PELER À VIF, 3
Peler à l'aide d'un petit couteau un agrume en retirant le maximum de peau blanche qui se trouve sous la peau.

POCHER, 27
Cuire un plat dans un liquide que l'on porte à ébullition à peine visible.

RUBAN (CONSISTANCE DU), 9
Jusqu'à ce que la préparation forme une coulée légèrement épaisse.

SABAYON, 15
Sauce sucrée mousseuse à base de jaunes d'oeufs et de sucre que l'on consomme chaude avec des entremets ou desserts.

SUER, 28
Mettre un ingrédient dans une poêle contenant un corps gras. Couvrir et chauffer à petit feu jusqu'à léger ramollissement de l'ingrédient.

SUPRÊMES, 3
On appelle « suprêmes » les quartiers d'agrumes débarrassés de la membrane blanche légèrement opaque qui les recouvre.

INDEX DES TRUCS ET NOTES

A
Ananas, 29
Anis étoilé, 32
Atoca, 11

B
Bain-marie, 11
Beurre, 26
Biscuit à la cuiller, 7
Blanchir, 4

C
Carambole, 19
Champagne, 27
Chinois, 4
Chocolat, 25
Cocktail, 16
Coulis, 28
Crème de coco, 21
Cuillère à pommes parisiennes, 5
Cul de poule, 19

D
Digestif, 16

E
Eau de coco, 22
Eau de fleur d'oranger, 30
Émondées, 27
Étuver, 24

F
Fleurs comestibles, 31
Fraises, 12
Fruits rouges, 13

G
Gélatine, 29
Gingembre, 16

L
Lait de coco, 22
Litchis, 24

M
Macérer, 6
Monter, 15
Mousseux, 27

P
Papaye, 3
Passoire étamine, 32
Peler à vif, 3
Pignons, 24
Pocher, 27
Pommes japonaises, 30

R
Ruban (consistance du), 19

S
Sabayon, 15
Sirop léger, 23
Suer, 28
Suprêmes, 3

T
Thés, 9

V
Vanille, 8